Bernhard Stentenbach

Französisch

Seine Meinung äußern

Argumentieren – Kommentieren – Diskutieren

smf

FSC
www.fsc.org

MIX

Papier aus ver-
antwortungsvollen
Quellen
Paper from
responsible sources

FSC® C105338

smf-Buch
sicher in modernen Fremdsprachen

Copyright © 2012 Bernhard Stentenbach, Langenfeld
Umschlaggestaltung: Ingrid Weide, Altenberge
Herstellung und Verlag: Books on Demand GmbH, Norderstedt
Made in Germany
ISBN 978-3-8482-0728-2

Vorwort

Liebe Leserin, lieber Leser,

Französisch – Seine Meinung äußern ist als Trainer für eine erfolgreiche aktive Kommunikation sowohl im alltäglichen Gedankenaustausch als auch bei themenorientierten Gesprächen konzipiert. Behandelt werden alle wichtigen Kommunikationsbereiche, von der Meinungsäußerung über die Argumentation, die Information, die Äußerung von Gefühlen, die Bewertung von Verhalten und Handeln bis zur Diskussion. Systematisch werden in differenzierter Weise alle relevanten Ausdrucksmöglichkeiten dargestellt. Ausgewählt wurden kommunikativ hochfrequente griffige Wendungen, Ausdrücke und kurze Sätze, die sich in der persönlichen Kommunikation leicht und mit Erfolg anwenden lassen. Besonders einprägsame Formulierungen werden visuell hervorgehoben.

Es finden sich zahlreiche Lernhilfen:
Wo es erforderlich ist, enthalten die Nomen zusätzlich die Angabe des Genus *(m./f.)*. An manchen Stellen werden die in den Sätzen vorkommenden Verbformen im Anschluss an den jeweiligen Satz in der entsprechenden Grundform angegeben. Ebenso werden bei bestimmten Adjektiven nach dem Satz noch einmal die maskuline und feminine Form aufgeführt. Weiterhin wird in zahlreichen Sätzen auf die verwendete subjonctif- bzw. Adverb-Form hingewiesen. Zur Unterstützung eines effektiven Einprägens werden an mehreren Stellen lernrelevante, aber fehlerträchtige grammatische Phänomene in einem Rahmen übersichtlich dargestellt.

Ich bin überzeugt, dass Ihnen *Französisch – Seine Meinung äußern* ein unentbehrlicher Begleiter auf Ihrem Weg zu einer souveränen und differenzierten Kommunikation sein wird.

Viel Erfolg wünscht Ihnen

Bernhard Stentenbach

Abkürzungen

adv.	*adverbe*
cond.	*conditionnel*
etw.	etwas
f.	*féminin*
fut.	*futur*
impf.	*imparfait*
inf.	*infinitif*
m.	*masculin*
pl.	*pluriel*
qc	*quelque chose*
qn	*quelqu'un*
subj.	*subjonctif*

Inhalt

1 Argumentieren

Seine Meinung äußern

Ich glaube, er/sie hat Recht.	**Je crois qu'**il/elle a raison.
Ich meine, …	**Je pense que** …
Ich glaube nicht, *dass das stimmt.*	**Je ne crois pas /** **Je ne pense pas** **que** ce soit *(subj.)* vrai.
Ich bin der Meinung, …	**Je suis d'avis** *(m.)* **que** …
Meiner Meinung nach …	**A mon avis,** …

seine Meinung zu diesem *Thema frei* ***äußern***	**exprimer** ouvertement *(adv.)* **son opinion** *(f.)* **sur** ce sujet
die Meinung der anderen ***akzeptieren***	**accepter** l'opinion des autres
Was ist Ihre Meinung zu …?	**Quel est votre avis sur … ?**
für die ***Meinungsfreiheit*** *kämpfen*	lutter pour la **liberté d'opinion**

Reaktionen

Ja, *das stimmt.*	**Oui,** c'est vrai.
Das kann gut sein.	**C'est bien possible.**
Wenn ich mich nicht irre, …	Si je ne me trompe (pas), …
Da haben Sie Recht.	**Là,** vous avez raison.
Da stimme ich Ihnen völlig zu.	**Là, je suis entièrement** *(adv.)* **d'accord avec vous.**

Das glaube ich nicht.	**Ça,** je ne crois pas.
Das kann nicht sein.	**C'est impossible.**

Da kann ich Ihnen nicht zustimmen.	**Là, je ne suis pas d'accord avec vous.**
Ich bin da anderer Ansicht.	**J'ai une autre opinion là-dessus.**
Da bin ich anderer Ansicht als Sie.	**Moi, je suis d'un autre avis** que vous.
Das kann ich nicht beurteilen.	**Je n'ai pas d'avis là-dessus.**
Dazu kann ich nichts sagen.	Je ne peux rien en dire.
Meinen Sie? / Finden Sie?	Vous croyez? / Vous trouvez?
*Er/Sie **hat seine/ihre Meinung geändert.***	Il/Elle **a changé d'avis.**

Persönliche Stellungnahme

Ich bin sicher, dass er kommt.	**Je suis sûr/e qu'**il **viendra** *(fut.)*.
Da bin ich mir sicher.	J'en suis sûr/e.
Ich bin überzeugt, dass …	**Je suis convaincu/e que …**
Ich weiß nicht, ob …	**Je ne sais pas si …**
Ich weiß nicht genau, warum …	Je ne sais pas exactement *(adv.)* pourquoi …
Es ist möglich, dass …	Il est possible que … *(+ subj.)*
Es kann gut sein, dass …	**Il est bien possible que …** *(+ subj.)*
Ich halte es für unmöglich, so etwas zu tun.	Je trouve impossible de faire une chose pareille.

Ich frage mich, warum …	**Je me demande pourquoi …**
Es stellt sich die Frage, warum …	Il se pose la question de savoir pourquoi …
Ich habe den Eindruck, …	**J'ai l'impression que …**

Ich vermute, ...	**Je suppose que** ...
*Er hat **vielleicht** besondere Gründe.*	Il a **peut-être** des raisons particulières.
***Vielleicht** hat sie Angst.*	**Peut-être qu'**elle a peur.

***Es scheint**, dass er ein Problem hat.*	**Il semble qu'**il ait *(subj.)* un problème.
*Es ist **unwahrscheinlich**, dass ...*	Il est **improbable** que ... *(+ subj.)*
***Ich bezweifle**, dass sie schwanger ist.*	**Je doute qu'**elle soit *(subj.)* enceinte.

---

subjonctif

Der subjonctif steht nach folgenden Ausdrücken:

Je ne crois pas que ...	*Ich glaube nicht, dass ...*
Je ne pense pas que ...	*Ich glaube nicht, dass ...*
Je ne suis pas sûr/e que ...	*Ich bin nicht sicher, dass ...*
Il semble que ...	*Es scheint, dass ...*
Il est possible que ...	*Es ist möglich, dass ...*
Il est impossible que ...	*Es ist unmöglich, dass ...*
Il est improbable que ...	*Es ist unwahrscheinlich, dass ...*
Je doute que ...	*Ich bezweifle, dass ...*

Argumentation

Wie meinen Sie das?	**Qu'est-ce que vous voulez dire par là?**
Was meinen Sie mit „Jugendkriminalität"?	**Qu'est-ce que vous entendez par** «délinquance juvénile»?

Das hat nichts zu tun mit ...	**Cela n'a rien à voir avec** ...

Das ist nicht dasselbe.	**Ce n'est pas la même chose.**
Das ist etwas anderes.	**C'est autre chose.**
Das ist nicht gesagt.	Ce n'est pas dit.
Das ist leicht gesagt.	C'est facile à dire.

Das bedeutet, dass ...	**Cela signifie que** ...
Das bedeutet nicht, dass ...	Cela ne signifie pas que ...
Das heißt, dass ...	**Cela veut dire que** ...
Das heißt nicht, dass ...	Cela ne veut pas dire que ...
Das besagt gar nichts.	**Cela ne veut rien dire.**

Das ist schwer zu sagen.	**C'est difficile à dire.**
Das ist nicht leicht zu erklären.	Ce n'est pas facile à expliquer.
Das ist ziemlich kompliziert.	C'est assez compliqué.
Das Wichtigste ist, dass ...	**Le principal est que** ...
Das setzt voraus, dass ...	Cela implique que ...
Das hat überhaupt keinen Sinn, ...	Cela ne sert à rien de ... *(+ inf.)*

---

ein schwaches Argument	**un argument faible**
Dieses Argument ist nicht **stichhaltig.**	Cet argument n'est pas **pertinent.**
Das Argument, das er/sie **vorbringt** ...	L'argument qu'il/elle **avance** ...
dieses Argument **widerlegen**	**réfuter** cet argument
Dieses Argument scheint mir wenig **glaubhaft** *zu sein.*	Cet argument me semble peu **crédible.**
Das ist sehr **übertrieben.**	C'est très **exagéré.**

*Seine/Ihre Argumente können mich nicht **überzeugen**.*	Ses arguments ne peuvent pas me **convaincre**.

---

*Dieses **Argument** scheint mir **völlig falsch** zu sein.*	Cet **argument** me semble **complètement** *(adv.)* **faux**.
die Tatsachen falsch darstellen	donner une fausse présentation des faits
ein Gegenargument vorbringen	**présenter une objection**
*Ich kann seine/ihre **Argumentation** nicht **nachvollziehen**.*	Je ne peux pas **suivre** son **argumentation** *(f.)*.
*Seine/Ihre **Ansichten** scheinen mir sehr **radikal** zu sein.*	Ses **idées** me semblent très **radicales**.
*Sein/Ihr **Standpunkt** ist nicht **objektiv**.*	Son **point de vue** n'est pas **objectif**.

***Was** die Internetkriminalität **betrifft**, ...*	**En ce qui concerne** la criminalité sur Internet, ...
***Was mich betrifft**, ich ...*	**En ce qui me concerne**, je ...
***Was mich betrifft**, ...*	**Quant à moi**, ...
Was die Politiker angeht, ...	Quant aux hommes politiques, ...

***im Hinblick auf** den Klimaschutz*	**en ce qui concerne** la protection du climat
vom politischen Standpunkt aus	**du point de vue politique**
sein/ihr Standpunkt in dieser Frage	**son point de vue sur cette question**
***In diesem Punkt** muss man unbedingt reagieren.*	**Sur ce point**, il faut absolument *(adv.)* réagir.

In dieser Hinsicht gibt es noch viel zu tun.

Sur ce point, il y a encore beaucoup à faire.

*Man kann **über alles diskutieren.***

On peut **discuter de tout**.

eine Diskussion zum Thema „Integration"

une discussion au sujet de l'intégration

Darüber darf es keine Tabus geben.

Il ne faut pas qu'il y ait *(subj.)* de tabous **à ce sujet**.

2 Informieren, Darstellen

Informieren

informieren über ...	**informer de ...**
informieren über ...	**donner des informations sur ...**
Auskunft geben über ...	**renseigner sur ...**
Auskunft geben über ...	**donner des renseignements sur ...**

Er/Sie ist gut/schlecht informiert über ...	Il/Elle est bien/mal informé/e sur ...
Man hat mich falsch informiert.	On m'a mal informé/e.
*Ich möchte Ihnen **mitteilen**, dass ...*	Je voudrais vous **informer** que ...

---

*Ich habe keine **Information** über ...*	Je n'ai pas d'**information** *(f.)* sur ...
Ich weiß nichts darüber.	Je n'en sais rien.
Das ist eine falsche Information. (falsch)	C'est une fausse information. *(faux/fausse)*
genauere Informationen	des informations plus détaillées
*Vielen Dank für Ihre **Auskunft**.*	Merci beaucoup pour votre **renseignement**.

Sich informieren

sich informieren über ...

Ich habe mich über ...
informiert.

sich erkundigen/informieren
über ...

sich telefonisch informieren

sich im Internet informieren

Ich werde mal nachfragen.

s'informer de ...

Je me suis informé/e
de ...

se renseigner sur ...

se renseigner par téléphone

se renseigner sur Internet

Je vais me renseigner.

Informationen erfragen

Darf ich Sie etwas fragen?

Können Sie mir sagen,
wann/wo/ob ...?

Wissen Sie, wie/wie viel/
ob ...?

*Können Sie mir **etwas sagen***
über ...?

Je peux vous poser
une question?

Pouvez-vous me dire
quand/où/si ...?

Vous savez comment/combien/
si ...?

Pouvez-vous me **donner**
des informations sur ...?

---

*Ich habe ihn/sie **gefragt**,*
ob er / ob sie ...
(jdn fragen)

*Er **wollte wissen**, was*
ich gesagt habe.

Sie wollte wissen, was passiert
sei.

*Ich habe **eine positive***
***Antwort** erhalten.*
(positiv)

Je lui ai **demandé**
s'il / si elle ...
(demander à qn)

Il **voulait savoir** ce que
j'avais dit.

Elle voulait savoir ce qui
s'était passé.

J'ai reçu **une réponse positive**
(recevoir)
(positif/positive)

Ich habe *eine negative* *Antwort* erhalten. *(negativ)*	J'ai reçu **une réponse** **négative.** *(négatif/négative)*

---

fragen = demander à

einen Spezialisten fragen	**demander à** un spécialiste
Ich werde ihn/sie mal fragen, ob er / ob sie ...	Je vais lui demander s'il / si elle ...
Ich habe ihn/sie gefragt, wann ...	Je lui ai demandé quand ...

---

ce que *(Objekt)* / **ce qui** *(Subjekt)* (= *was*)
(steht in der Satzmitte)

*Ich möchte wissen, **was** du getan hast.*	Je voudrais savoir **ce que** tu as fait.
*Ich weiß nicht, **was** er gesagt hat.*	Je ne sais pas **ce qu'**il a dit.
*Ich weiß nicht, **was** passiert ist.*	Je ne sais pas **ce qui** s'est passé.
*Weißt du, **was** den Unfall verursacht hat?*	Tu sais **ce qui** a causé l'accident?

Berichten, erzählen

Wissen Sie schon, dass ...?	Vous savez déjà que ...?
Ich habe gehört, *dass ...*	**On m'a dit que** ...
Ich habe gehört, *dass ...*	**J'ai entendu dire que** ... *(entendre)*
Ich habe gehört/erfahren, *dass ...*	**J'ai appris que** ... *(apprendre)*

Woher wissen Sie das?	Qui vous a dit ça?

Ich weiß es von meinem Bruder.	Je le sais par mon frère.
erzählen von ...	**parler de** ...
Sie hat mir von ... erzählt.	Elle m'a parlé de ...
ausführlich erzählen von ...	parler en détail de ...
*Ich kann Ihnen **noch mehr erzählen über** ..., wenn Sie das interessiert.*	Je peux vous **parler plus en détail de** ... si ça vous intéresse.

---

berichten über ...	**faire un rapport sur** ...
ausführlich berichten über ...	**faire un rapport détaillé sur** ...
Das wusste ich nicht.	Ça, je ne savais pas.
Das ist das erste Mal, dass ich das höre.	C'est la première fois que j'apprends ça.

---

hören

écouter *(bewusst hinhören, zuhören)*
Ich höre gern Musik.   J'aime **écouter** de la musique.

entendre *(zufällig hören, wahrnehmen)*
Ich habe nichts gehört.   Je n'ai rien **entendu**.

Ich habe gehört, dass ...
Ich habe gehört, dass ...   **On m'a dit que** ...

Ich habe gehört, dass ...   **J'ai entendu dire que** ...

Ich habe das von meinem Vater gehört.   **J'ai appris ça par** mon père.

Erklären, behaupten

ausführlich erklären	**expliquer en détail**
*diese **Erklärung** akzeptieren*	**accepter** cette **explication**

*Seine/Ihre Erklärung war **korrekt**/* Son explication était **correcte**/
falsch/unvollständig. **fausse/incomplète.**
(falsch) *(faux/fausse)*
(unvollständig) *(incomplet/incomplète)*

Können Sie mir das Pouvez-vous m'**expliquer** cela
näher erklären? **plus en détail?**

---

*das **Gegenteil** behaupten*	**affirmer le contraire**
*diese **Behauptung** überprüfen*	**vérifier** cette **affirmation**

Zusammenhänge erklären

Dies steht in keinem Cela n'a pas de **rapport avec** ...
  ***Zusammenhang** mit* ...

Das hat nichts zu tun mit ... **Ça n'a rien à voir avec** ...

*Dieses **Problem** gibt es* Ce **problème** existe
  schon länger. depuis longtemps.

Wie kommt es, dass ...? **Comment ça se fait que ...?**

Ich weiß nicht, wie das kommt. Je ne sais pas comment
  ça se fait.

Das kommt daher, dass ... **Cela vient du fait que** ...

Ich habe keine Erklärung dafür. Je n'ai pas d'explication.

Die Folge davon ist, dass ... **La conséquence en est que** ...

*die Folgen, die **sich aus*** les conséquences qui
  *dieser Lage **ergeben*** **résultent de** cette situation

die Folgen, die sich les conséquences qui
  daraus ergeben ... en résultent

17

an die Folgen denken	**penser aux conséquences**
auf die Folgen aufmerksam machen	**attirer l'attention sur** les conséquences
die Folgen des Klimawandels vorhersehen	**prévoir** les conséquences du changement climatique
die Folgen, die eintreten könnten	les conséquences qui pourraient **arriver**

Einen Sachverhalt bewerten

Man hätte wissen müssen, dass ...	On **aurait dû savoir** que ... *(devoir)*
Man hat gehandelt, ohne zu überlegen.	On a agi **sans réfléchir.** *(agir)*
Man hat sich nicht gekümmert um ...	On ne s'est pas occupé de ...
Man hat zu wenig getan, um ... zu ...	On **a fait trop peu** pour ...
Man hätte mehr tun müssen, um ... zu ...	On **aurait dû faire plus** pour ...
Es reicht nicht aus, zu ...	**Il ne suffit pas** de ...

Einen Sachverhalt begründen

der Grund für sein/ihr Verhalten	**la raison de** son comportement
Das liegt daran, dass ...	La raison en est que ...
der Grund, warum ...	**la raison pour laquelle** ...
aus welchem Grund	**pour quelle raison**
aus politischen Gründen	**pour des raisons politiques**
aus Gründen der Sicherheit	pour des raisons de sécurité
aus diesem Grund	**pour cette raison**

ohne Grund	**sans raison** / sans motif
Es gibt keinen Grund, *um ... zu ...*	Il n'y a pas de raison pour ...
daher/deshalb/deswegen	**c'est pourquoi** / **à cause de cela**
Das kommt daher, dass ...	C'est parce que ...
Das ist wegen ...	C'est à cause de ...

Beispiele anführen

zum Beispiel	**par exemple**
ein Beispiel für *seine/ihre Arroganz*	**un exemple de** son arrogance *(f.)*
Ich kann Ihnen ***ein Beispiel nennen.***	Je peux vous **donner un exemple.**
Dieses Beispiel zeigt, dass ...	Cet exemple montre que ...
***Als Beispiel** kann ich Ihnen* *sagen, dass ...*	**Comme exemple**, je peux vous dire que ...

Einen Begriff klären

Was verstehen Sie *unter „Kreativität"?*	**Qu'est-ce que vous entendez** **par** «créativité»?
Was verstehen Sie *darunter?*	Qu'est-ce que vous entendez par là?
Was meinen Sie mit *„Demokratie"?*	**Qu'est-ce que vous voulez** **dire par** «démocratie»?
Wie meinen Sie das?	**Qu'est-ce que vous voulez** **dire par là?**
*„Wahrheit", **was heißt das?***	«La vérité», **qu'est-ce que** **c'est?**
Was bedeutet das?	**Qu'est-ce que ça signifie?**

19

Können Sie mir sagen, was das bedeutet?	Pouvez-vous me dire ce que ça signifie?

---

*Können Sie **definieren**, was Sie unter „Armut" verstehen?*	Pouvez-vous **définir** ce que vous entendez par «pauvreté»?
*Diese **Definition** scheint mir sehr **vage**.*	Cette **définition** me semble très **vague**.
*Das scheint mir **zu wenig konkret**.* *(konkret)*	Cela me semble **trop peu concret**. *(concret/concrète)*

Unterscheide:

Qu'est-ce que ...? *(= **Was** ...?)*
   ist Objekt, es steht am Satzanfang in der direkten Frage.

***Was** bedeutet das?*	**Qu'est-ce que** ça signifie?
***Was** ist das?*	**Qu'est-ce que** c'est?

---

ce que *(= **was**)*
   ist Objekt, es steht in der Satzmitte.

*Ich weiß nicht, **was** das bedeutet.*	Je ne sais pas **ce que** ça signifie.
*Wissen Sie, **was** das ist?*	Vous savez **ce que** c'est?

Alternativen darstellen

Man könnte auch ...	**On pourrait aussi** ...
*Es wäre auch **möglich**, ...*	Il serait aussi **possible** de ...
*Eine andere **Möglichkeit** wäre, ...*	Une autre **possibilité** serait de ...
*Die einzige **Alternative** wäre, ...*	La seule **alternative** serait de ...

Man müsste vielmehr ...	**On devrait plutôt ...**
Man hätte auch ... können.	**On aurait pu aussi ...**

Widersprüche nachweisen

*Dies **steht im Widerspruch zu** ...*	Cela **est en contradiction avec** ...
*Die Informationen sind **widersprüchlich**.*	Les informations sont **contradictoires**.
*Dies **widerspricht** ...*	Cela **est en opposition avec** ...
*Dies **passt nicht zu** ...*	Cela **ne convient pas à** ...

*im **Gegensatz zu** seinem/ihrem Vater*	**contrairement** *(adv.)* **à** son père
*Dies **steht im Gegensatz zu** ... (im Gegensatz stehen zu)*	Cela **contraste avec** ... *(contraster avec)*

Thesen und Hypothesen

*Er **vertritt die These**, dass ...*	Il **soutient la thèse** que ... *(soutenir)*
Seine/Ihre These ist, dass ...	Sa thèse est que ...
*diese These **widerlegen***	**réfuter** cette thèse
*diese These **beweisen***	**prouver** cette thèse
*Wenn diese These **richtig** ist, ...*	Si cette thèse est **juste**, ...
*ein **Beweis für die Richtigkeit** der These*	**une preuve de la justesse** de la thèse

*Das ist **eine reine Hypothese**.*	C'est **une pure hypothèse**.
*Ich kann diese Hypothese nicht **nachvollziehen**.*	Je ne peux pas **suivre** cette hypothèse.

*Eine solche Hypothese ist nicht **realistisch**.*	Une telle hypothèse n'est pas **réaliste**.
*Diese Hypothese ist **unrealistisch**.*	Cette hypothèse est **peu réaliste**.
*Die **Realität** ist ganz anders.*	La **réalité** est tout à fait différente.

Beschreiben

*die Lage **beschreiben***	**décrire** la situation
Ich kann Ihnen beschreiben, wie das passiert ist.	Je peux vous décrire comment ça s'est passé.
***eine genaue Beschreibung** geben **von** ...*	donner **une description détaillée de** ...
*Diese Beschreibung ist **zu summarisch**.*	Cette description est **trop sommaire**.
*Es fehlen **wesentliche Einzelheiten über** ...*	Il manque **des détails** *(m.)* **importants sur** ...

***Das ist eine Art von** ...*	**C'est une sorte de** ...
Wozu dient das?	**Ça sert à quoi**?
Was kann man damit machen?	Qu'est-ce qu'on peut faire avec ça?
***Auf diese Weise** kann man eine gute Lösung finden.*	**De cette façon**, on peut trouver une bonne solution.
***Mit dieser Methode** kann man zeigen, dass ...*	**Par cette méthode**, on peut montrer que ...

Vergleiche anstellen

Man kann das nicht **vergleichen mit** ...

On ne peut pas **comparer** cela **avec** ...

sich mit seinen Freunden **vergleichen**

se comparer avec ses amis

Dieser Computer **ist nicht zu vergleichen mit** dem vom letzten Jahr.

Cet ordinateur **n'est pas comparable à** celui de l'année dernière.

Diese Krise ist nicht vergleichbar mit der von 1980.

Cette crise n'est pas comparable à celle de 1980.

Dieser **Vergleich** ist nicht legitim.

Cette **comparaison** n'est pas légitime.

---

einen Vergleich ziehen zwischen ...

établir une comparaison entre ...

Die Lage ist **besser als /** ist **kritischer als** vor einem Jahr

La situation est **meilleure que /** est **plus critique** qu'il y a un an.

Seine Lage ist **schlechter als** die seiner Schwester.

Sa situation est **moins bonne que** celle de sa sœur.

Das ist so ähnlich wie ...

Cela ressemble à ...

Die Probleme der Kinder **sind anders als** die der Erwachsenen.

Les problèmes des enfants **sont différents de** ceux des adultes.

Das ist **anders als bei uns.**

C'est différent de chez nous.

Er verdient zu viel **im Vergleich zu** seiner Ausbildung.

Il gagne trop d'argent **par rapport à** sa formation.

celui/celle/ceux/celles *ersetzen ein vorher erwähntes Nomen, das nicht wiederholt werden soll.*

Ihr <u>Computer</u> ist moderner als **der** *ihes Bruders.*	Son <u>ordinateur</u> *(m.)* est plus moderne que **celui** de son frère.
Mein <u>Auto</u> ist kleiner als **das** *meines Vaters.*	Ma <u>voiture</u> *(f.)* est plus petite que **celle** de mon père.
Meine <u>Probleme</u> sind größer als **die** *meiner Kollegen.*	Mes <u>problèmes</u> *(m. pl.)* sont plus gros que **ceux** de mes collègues.
Seine <u>Noten</u> sind schlechter als **die** *seiner Freunde.*	Ses <u>notes</u> *(f. pl.)* sont moins bonnes que **celles** de ses amis.

3 Beurteilen

Gedanken

an die Zukunft **denken**	**penser** à l'avenir
Woran denken Sie?	A quoi pensez-vous?
Ich werde daran denken.	J'y penserai.
positiv denken	**penser positivement** *(adv.)*
Was halten Sie davon?	Qu'en pensez-vous?

---

positives Denken *(positiv)*	**la pensée positive** *(positif/positive)*
seine/ihre negativen Gedanken *(negativ)*	ses pensées négatives *(négatif/négative)*
Er/Sie hat immer gute **Ideen.**	Il/Elle a toujours de bonnes **idées.**
Mir ist eine Idee gekommen.	Il m'est venu une idée.

---

nachdenken über ...	**réfléchir sur/à** ...
ohne zu **überlegen**	sans **réfléchir**
Ich werde noch einmal darüber *nachdenken.*	J'y réfléchirai.
Überlegungen anstellen *über* ...	faire des **réflexions** *(f.)* sur ...

Sinn, Verstand

Das hat keinen Sinn. / *Das ist sinnlos.*	**Ça n'a pas de sens** *(m.).*
Das hat/macht keinen Sinn, *ihm/ihr das zu sagen.*	**Ça ne sert à rien** de lui dire cela.

*Es ist **unnütz**, noch länger zu warten.*	**C'est inutile** d'attendre plus longtemps.
*Das ist gegen den **gesunden Menschenverstand**.*	C'est contre le **bon sens**.
*Das ist eine **absurde Idee**.*	C'est une **idée absurde**.
Das ist völliger Blödsinn, was er/sie sagt.	C'est complètement *(adv.)* absurde ce qu'il/elle dit.
*Was soll das **bedeuten**?*	Qu'est-ce que ça **veut dire**?
*Das **bedeutet** gar nichts.*	Ça ne **signifie** absolument *(adv.)* rien.

Das macht keinen Sinn.	**Ce n'est pas logique.**
*Das ist gegen jede **Logik**.*	C'est contre toute **logique** *(f.)*.
*Das ist völlig **unlogisch**.*	C'est complètement **illogique**.
*Er/Sie hat den **Verstand** verloren.*	Il/Elle a perdu la **raison**. *(perdre)*
*Das ist gegen jede **Vernunft**.*	C'est contre toute **raison**.

Verstehen, Kenntnis, Intelligenz

*die Gründe für sein/ihr Verhalten **verstehen***	**comprendre** les raisons de son comportement
Ich verstehe nichts davon.	**Je n'y comprends rien.**
*die Sicherheitsregeln **kennen***	**connaître** les règles de sécurité
***wissen**, wie man Geld im Internet verdient*	**savoir** comment gagner de l'argent sur Internet
Ich weiß nichts darüber.	**Je n'en sais rien.**
*ein **intelligentes** Kind*	un enfant **intelligent**
*seine **Intelligenz** einsetzen*	utiliser son **intelligence** *(f.)*

Vorstellung, Eindruck, Vermutung

sich **eine falsche Vorstellung** machen **über** ...	se faire **une fausse idée de** ... *(faux/fausse)*
Ich kann mir nicht vorstellen, dass ... *(sich vorstellen)*	**Je ne peux pas m'imaginer** que ... *(s'imaginer)*
Ich habe den **Eindruck,** dass ...	J'ai l'**impression** *(f.)* que ...
Ich vermute, dass ...	Je suppose que ...
Wenn diese **Vermutung** stimmt, ...	Si cette **supposition** *(f.)* est vraie, ...

Ansicht, Urteil, Vorurteil

meiner Ansicht nach	**à mon avis** *(m.)*
Ich bin der Ansicht, dass ...	Je suis d'avis que ...
Er/Sie vertritt **moderne Ansichten.**	Il/Elle a des **idées modernes.**
seine/ihre negative **Meinung** **über** ...	son **opinion** *(f.)* négative **sur** ...

---

objektiv **urteilen über** ...	**juger** objectivement *(adv.)* **de** ...
sich ein Urteil bilden über ...	**se faire un jugement sur** ...
Dieses **Urteil** ist nicht **objektiv.**	Ce *jugement* n'est pas **objectif.**
(objektiv)	*(objectif/objective)*
ein **subjektives** Urteil	un jugement **subjectif**
eine subjektive Meinung	une opinion subjective
sich **eine Meinung** bilden **über** ...	se faire **une opinion sur** ...

seine Meinung über die Ausländer **revidieren**	**réviser** son opinion (f.) sur les étrangers

---

Vorurteile haben **gegen** ...	avoir des **préjugés** (m.) **contre** ...
Das ist ein altes Vorurteil.	C'est un vieux préjugé.

Erinnerung, Zweifel

Wenn ich mich recht erinnere, ... (sich erinnern an ...)	**Si je me souviens bien,** ... (se souvenir de ...)
Erinnern Sie sich noch an ihn / an sie?	Vous vous souvenez encore de lui / d'elle?
Ich erinnere mich noch sehr gut. (sich erinnern)	**Je me rappelle très bien.** (se rappeler)
Daran kann ich mich nicht mehr erinnern.	Je ne me rappelle plus.
Ich habe kein sehr gutes **Gedächtnis**.	Je n'ai pas une très bonne **mémoire**.
Ich habe ein schlechtes Gedächtnis.	J'ai une mauvaise mémoire.
Ich habe alles **vergessen**.	J'ai tout **oublié**.

Ich habe da meine **Zweifel**.	Là, j'ai des **doutes** (m.).
Ich bezweifle, dass er/sie kommt.	**Je doute qu'**il/elle vienne (subj.).
Ich habe ihren Namen mit ihrem Vornamen **verwechselt**.	**J'ai confondu** son nom avec son prénom. (confondre)
Ich verwechsle schon mal ...	Il m'arrive de confondre ...

4 Eine Person charakterisieren

Verhalten

sein Verhalten ändern

changer son
comportement *(m.)*

sein/ihr Verhalten gegenüber
seinen/ihren Kindern

son comportement envers
ses enfants

Sein/Ihr Verhalten ist
unerträglich.

Son comportement est
insupportable.

Er/Sie hat sich in dieser
Sache **richtig/falsch**
verhalten.

Il/Elle s'est bien/mal
comporté/e
dans cette affaire.

sich verantwortungsvoll
verhalten gegenüber ...

se comporter d'une façon
responsable envers ...

sich rücksichtslos verhalten
gegenüber ...

se comporter d'une façon
brutale envers ...

Charakter, Einstellung

Er/Sie **hat einen guten/**
schlechten Charakter.

Il/Elle **a un bon/mauvais**
caractère.

Es ist nicht leicht, ihn/sie
zu **charakterisieren.**

Il n'est pas facile de le/la
caractériser.

Das ist charakteristisch/
typisch für sein/ihr
Verhalten.

C'est caractéristique/
typique de son
comportement.

Ich verstehe **seine/ihre**
Einstellung gegenüber
den Frauen nicht.

Je ne comprends pas
son attitude *(f.)*
envers les femmes.

Er/Sie hat eine Einstellung, die
man nicht **akzeptieren** kann.

Il/Elle a une attitude qu'on
ne peut pas **accepter.**

Eigenschaft

*Das ist **eine gute/schlechte Eigenschaft.***	C'est **un bon/mauvais trait de caractère.**
*eine **positive/negative** Eigenschaft*	un trait de caractère **positif/négatif**
***Seine/Ihre Haupteigenschaft** ist seine/ihre äußerste Sensibilität.*	**Son principal trait de caractère** est son extrême sensibilité *(f.)*.
*Diese Eigenschaft **erklärt sich durch** seine/ihre strenge Erziehung.*	Ce trait de caractère **s'explique par** son éducation *(f.)* sévère.

Engagement, Mut

***sein/ihr Einsatz für** die Gesellschaft*	**son engagement pour** la société
***sich einsetzen für** ...*	**s'engager pour** ...
*Er/Sie **ist voller Energie.***	Il/Elle **est plein/e d'énergie.**
*Sie **ist sehr ehrgeizig.***	Elle **a beaucoup d'ambition.**
*Sie ist **sehr dynamisch.***	Elle est **très dynamique.**
***den Mut haben**, die Wahrheit zu sagen*	**avoir le courage de** dire la vérité
*Er ist sehr **mutig.** (mutig)*	Il est très **courageux.** *(courageux/courageuse)*
Risiken eingehen	**prendre des risques**
***Angst haben**, finanzielle Risiken einzugehen*	**avoir peur de** prendre des risques financiers
***riskieren**, seinen Arbeitsplatz zu verlieren*	**risquer de** perdre son emploi

Kompetenz, Verantwortung

Er/Sie ist sehr **kompetent**
in seinem/ihrem Bereich.

Il/Elle est très
compétent/e dans son
domaine.

Dies unterstreicht seine
Kompetenz *im Bereich
der Energie.*

Cela souligne sa **compétence**
dans le domaine
de l'énergie

Er/Sie ist völlig **inkompetent**.

Il/Elle est complètement *(adv.)*
incompétent/e.

seine Inkompetenz *in diesem
Bereich*

son incompétence *(f.)*
dans ce domaine

Die Politik **ist nicht fähig,**
die Armut zu bekämpfen.

La politique **n'est pas
capable de** lutter
contre la pauvreté.

Die Politiker sind **unfähig,**
dieses Problem zu lösen.

Les hommes politiques sont
incapables de résoudre
ce problème.

Er/Sie **ist verantwortlich
für** ...

Il/Elle **est responsable
de** ...

*Die Regierung ist
für die aktuelle Krise
verantwortlich.*

Le gouvernement est
responsable de la crise
actuelle.

verantwortungslos *handeln*

agir **d'une façon
irresponsable**

die Verantwortung für *sein
Handeln* **übernehmen**

**prendre la responsabilité
de** ses actes *(m.)*

unter sozialer Verantwortung
vesteht man, dass ...

par responsabilité sociale,
on entend que ...

Sensibilität, Toleranz

offen/sensibel sein für ...   être **sensible à** ...

*Sie ist **wenig sensibel**
für die Probleme
ihrer Kinder.*

Elle est **peu sensible**
aux problèmes
de ses enfants.

*völlig **unsensibel** sein
gegenüber ...*

être complètement *(adv.)*
insensible à ...

*sich in den anderen
hineinversetzen*

**se mettre à la place
de** l'autre

*Er/Sie **zeigt sich
sehr verständnisvoll**
mir **gegenüber**.*

Il/Elle **se montre
très compréhensif/
compréhensive envers**
moi.

*Er/Sie **hat viel Verständnis /
hat kein Verständnis für**
die Bedürfnisse seines/
ihres Kindes.*

Il/Elle **comprend très bien /
ne comprend pas**
les besoins
de son enfant.

---

*Er/Sie ist sehr **tolerant
gegenüber** den anderen
Religionen.*

Il/Elle est très **tolérant/e
envers** les autres
religions.

*seine/ihre **Toleranz gegenüber**
den Drogenkonsumenten*

sa tolérance envers
les consommateurs
de drogues

*Er/Sie ist sehr **intolerant
gegenüber** ...*

Il/Elle est très **intolérant/e
envers** ...

*seine/ihre **Intoleranz
gegenüber** den religiösen
Minderheiten (religiös)*

son intolérance *(f.)* **envers**
les minorités religieuses
(religieux/religieuse)

Interesse, Optimismus

*Das ist sehr **interessant**, was er / was sie gesagt hat.*	C'est très **intéressant** ce qu'il / ce qu'elle a dit.
*sich für Mode **interessieren***	**s'intéresser** à la mode
*seine **Interessen** verteidigen*	défendre ses **intérêts** *(m.)*
*Er/Sie **hat kein Interesse daran**, ihr/ihm zu helfen.* *(jdm helfen)*	Il/Elle **n'a pas d'intérêt** **à** l'aider. *(aider qn)*
*Das **interessiert** mich sehr.*	Ça m'**intéresse** beaucoup.
Das interessiert mich nicht.	Ça ne m'intéresse pas.
***Was mich vor allem interessiert, das ist**, wie …*	**Ce qui m'intéresse avant tout**, c'est de savoir comment …
Was interessiert Sie am meisten?	**Qu'est-ce qui vous intéresse le plus?**

---

*Er/Sie ist von Natur aus sehr **neugierig**.*	Il/Elle est très **curieux/ curieuse** de nature.
*Sie tut das **aus Interesse / aus Neugierde**.*	Elle fait cela **par intérêt / par curiosité**.

---

*Er/Sie sieht **optimistisch** in die Zukunft.*	Il/Elle voit l'avenir **avec optimisme**.
*Wie soll man in Krisenzeiten **optimistisch** sein?*	Comment être **optimiste** en temps de crise?
*Er/Sie ist eher **pessimistisch**.*	Il/Elle est plutôt **pessimiste**.
*Dies erklärt seinen/ihren **Pessimismus bezüglich** der Politik.*	Cela explique son **pessimismus quant** à la politique.

Moral, Gerechtigkeitsgefühl

*Er/Sie hat keine **Moral**.*　　Il/Elle n'a pas de **morale** *(f.)*.

***Moralisch gesehen** muss man diese Methode ablehnen.*　**Sur le plan moral**, il faut refuser cette méthode.

*Das ist **moralisch** nicht in Ordnung.*　**Moralement** *(adv.)*, ce n'est pas bien.

*Das ist **unmoralisch**, was er / was sie getan hat.*　C'est **immoral** ce qu'il / ce qu'elle a fait.

Er/Sie handelt unmoralisch.　Il/Elle n'agit pas moralement *(adv.)*.

Er/Sie kennt keine Skrupel.　**Il/Elle ne connaît pas de scrupules.**

Er/Sie ist skupellos.　**Il/Elle est sans scrupules.**

---

*Er/Sie ist sehr **streng zu** seinen/ihren Kindern.*　Il/Elle est très **sévère avec** ses enfants.

*Dies ist nicht **gerecht gegenüber** den Menschen, die die Gesetze respektieren.*　Cela n'est pas **juste envers** les personnes qui respectent les lois.

*Das ist **ungerecht**, was sein/ihr Vater ihm/ihr angetan hat.*　C'est **injuste** ce que son père lui a fait.

Egoismus, Arroganz, Gleichgültigkeit

*Er/Sie ist sehr **egoistisch**.*　Il/Elle est très **égoïste**.

*Er/Sie hat dies **aus Egoismus** getan.*　Il/Elle a fait cela **par égoïsme**.

*Er/Sie ist sehr **arrogant**.*　Il/Elle est très **arrogant/ arrogante**.

***Durch seine/ihre Arroganz** macht er/sie sich viele Feinde.*　**Par son arrogance** *(f.)*, il/elle se fait beaucoup d'ennemis.

*durch sein/ihr **autoritäres** Verhalten*	**par son comportement autoritaire**

Er/Sie ist furchtbar. **desinteressiert**	Il/Elle est terriblement *(adv.)* **indifférent/indifférente.**
*Er/Sie **interessiert sich für nichts.***	Il/Elle **ne s'intéresse à rien.**
Das ist ihm/ihr egal.	**Ça lui est égal.**
*Ihm/Ihr ist alles **egal.***	Tout lui est **égal.**
Das ist mir egal.	**Ça m'est égal.**
*seine/ihre **Gleichgültigkeit gegenüber** den anderen*	**son indifférence** *(f.)* **envers** les autres

5 Das Handeln kommentieren

Lage, Situation

Die **Lage** ist sehr gut / sehr schlecht.

La **situation** est très bonne / très mauvaise.

Die Lage ist sehr **ernst** / ist **katastrophal**.

La situation est très **grave** / est **catastrophique**.

Die Wirtschaft ist **in einer kritischen Lage**.

L'économie est **dans une situation critique**.

in der gegenwärtigen Lage

dans la situation actuelle *(actuel/le)*

Man muss alles tun, um die Lage zu **verbessern**.

Il faut tout faire pour **améliorer** la situation.

Die Lage **hat sich verbessert** / **hat sich verschlechtert**. *(sich verbessern)* *(sich verschlechtern)*

La situation **s'est améliorée** / **s'est détériorée**. *(s'améliorer)* *(se détériorer)*

Es gibt mehrere Gründe für diese **Verbesserung** / für diese **Verschlechterung**.

Il y a plusieurs raisons de cette **amélioration** *(f.)* / de cette **détérioration** *(f.)*.

die wirkliche Lage kritisch **analysieren**

analyser critiquement *(adv.)* **la situation réelle.** *(réel/le)*

die **Wirklichkeit** sehen, wie sie ist

voir la **réalité** comme elle est

In Wirklichkeit ist die Lage viel schlimmer.

En réalité, la situation est bien pire.

Handeln

schnell **handeln**, um eine **Katastrophe** zu vermeiden	**agir** très vite pour éviter une **catastrophe**
die Initiative ergreifen, um ... zu ...	**prendre l'initiative** pour ... (+ inf.)
Er/Sie handelt **aus Überzeugung / aus Prinzip.**	Il/Elle agit **par conviction** (f.) / **par principe** (m.).
vernünftig handeln	**agir d'une façon raisonnable**
Es ist **unvernünftig**, alles auf einmal zu wollen.	Il est **peu raisonnable** de vouloir tout en même temps.
Er/Sie handelt **ohne zu überlegen.**	Il/Elle agit **sans réfléchir.**
Er/Sie handelt, ohne **an die Folgen** zu **denken.** (denken an)	Il/Elle agit sans **penser aux conséquences** (f.). (penser à)

Es ist nicht leicht/einfach, etwas dagegen zu tun.	Il n'est pas facile de faire quelque chose contre cela.
Es ist sehr schwer, **diese Situation** zu **ändern.**	Il est très difficile de **changer cette situation.**
Die Lage **hat sich nicht geändert.** (sich ändern)	La situation **n'a pas changé.** (changer)
Eine radikale Änderung ist nötig.	**Un changement radical** est nécessaire.
eine Änderung des Denkens **herbeiführen**	**faire un changement** de la pensée

Handlung, Aktivität

eine notwendige **Handlung**	une **action** nécessaire
eine gute **Tat**	une bonne **action**
in Aktion treten / tätig werden	**entrer en action**
Sie sind sehr **aktiv** auf politischer Ebene. *(aktiv)*	Ils sont très **actifs** sur le plan politique. *(actif/active)*
viele Aktivitäten im sozialen Bereich **durchführen/** veranstalten	**organiser beaucoup d'activités** dans le domaine social
Der Staat kann nicht **untätig** bleiben. *(untätig)*	L'Etat ne peut pas rester **inactif.** *(inactif/inactive)*

Handeln ohne zu überlegen ist gefährlich. *(gefährlich)*	Agir sans réfléchir est dangereux. *(dangereux/dangereuse)*
Man muss **an die Folgen seines Handelns denken.**	Il faut **penser aux conséquences de ses actes.**

Maßnahmen

wirksame Maßnahmen gegen die Krise **ergreifen**	**prendre des mesures** *(f.)* **efficaces** contre la crise
unpopuläre Maßnahmen ergreifen	prendre des mesures **impopulaires**
Es genügt nicht zu erklären, dass ...	Il ne suffit pas de dire que ...
Diese Maßnahmen **reichen nicht aus.** *(ausreichen)*	Ces mesures **ne suffisent pas.** *(suffire)*
Diese Maßnahmen **haben nichts bewirkt.**	Ces mesures **n'ont pas eu d'effet** *(m.).*

Problem, Lösung

*Das ist **ein großes Problem**.*	C'est **un gros problème**.
***Das Hauptproblem** ist, dass ...*	**Le problème essentiel** est que ...
das Problem der Arbeitslosigkeit	le problème du chômage
*Das geht **problemlos**.*	Ça va **sans problème**.
*Dies **bringt neue Probleme mit sich**.*	Cela **pose de nouveaux problèmes**.
*Es gibt mehrere Möglichkeiten, **dieses Problem** zu **lösen**.*	Il y a plusieurs possibilités de **résoudre ce problème**.
Es ist unmöglich, dieses Problem schnell zu lösen.	Il est impossible de résoudre vite *(adv.)* ce problème.
*alles versuchen, um **eine** schnelle **Lösung für dieses Problem** zu finden*	tout essayer pour trouver **une solution** rapide *(adj.)* **à ce problème**
Die beste Lösung wäre, zu ...	La meilleure solution serait de ... *(+ inf.)*
Dieses Problem ist noch nicht gelöst.	Ce problème n'est pas encore résolu.

Plan, Vorhaben, Ziel

*Er/Sie hat die **Absicht** auszuwandern.*	Il/Elle a l'**intention** d'émigrer.
seine Absicht verwirklichen	**réaliser son intention** *(f.)*
*seine Pläne **in die Praxis umsetzen***	**mettre** ses projets **en pratique**
*Die **Verwirklichung** dieses Projekts hat zur Folge, dass ...*	La **réalisation** de ce projet a pour conséquence que ...
Welche Pläne haben Sie für dieses Jahr?	Quels sont vos projets pour cette année?

Pläne machen für die Zukunft — **faire des projets** pour l'avenir

seine Pläne aufgeben — **abandonner ses projets**

sein Ziel erreichen — **atteindre son but /** son objectif

Dieser Plan **verfolgt das Ziel,** zu ... — Ce projet **a pour but** de ...

Entscheidung

eine Entscheidung treffen — **prendre une décision**

Er hat diese Entscheidung getroffen, ohne mich zu informieren. — Il a pris cette décision sans m'informer.

Sie **hat beschlossen**, in die Politik zu gehen. — Elle **a décidé d'**entrer en politique.

Er/Sie **hat sich entschlossen**, seinen/ihren Beruf zu wechseln. — Il/Elle **s'est décidé/e** à changer de métier.

Anstrengung, Mittel

Ich habe alles **versucht**, um ihn/sie zu überzeugen. — J'ai tout **essayé** pour le/la convaincre.

ein letzter **Versuch** — une dernière **tentative**

Dieser Versuch **ist gescheitert**. — Cette tentative **a échoué**.

große Anstrengungen unternehmen, um aus der Krise herauszukommen — **faire de gros efforts** (m.) pour sortir de la crise

seine Anstrengungen **intensivieren** — **intensifier** ses efforts

sich noch mehr **bemühen**, zu ... — **s'efforcer** davantage de ... (inf.)

ein wirksames Mittel suchen/ finden, um ... zu ...	chercher/trouver **un moyen efficace** pour ... *(inf.)*
alle legalen Mittel ausschöpfen *(legal)*	utiliser **tous les moyens légaux** *(légal/e; m. pl.: légaux)*
wirksame Mittel gegen die organisierte Kriminalität anwenden	utiliser **des moyens efficaces** contre la criminalité organisée
mit allen Mitteln	**par tous les moyens**
Das hängt von den Umständen ab. (abhängen von)	Ça dépend des circonstances. *(dépendre de)*

Erfolg, Misserfolg

Ich habe Glück gehabt.	**J'ai eu du succès.**
*Das war **ein großer Erfolg.***	Ça a été **un gros succès.**
Ich habe keinen Erfolg gehabt.	Je n'ai pas eu de succès.
*etw. **erfolgreich / erfolglos** testen*	tester qc **avec succès / sans succès**
*Er/Sie ist **stolz auf** seinen/ ihren Erfolg.*	Il/Elle est **fier/fière de** son succès.

---

*Alles war **umsonst.***	Tout a été **en vain.**
*Alle Bemühungen **sind gescheitert.** (scheitern)*	Tous les efforts **ont échoué.** *(échouer)*
*Dies war ein totaler **Misserfolg.***	Cela a été un **échec** total.
*ein **Scheitern** vermeiden*	éviter un **échec**

6 Gefühle äußern

Gefühl, Liebe und Hass

seine Gefühle zeigen	**montrer ses sentiments** *(m.)*
ein Gefühl der Freude	**un sentiment de joie**
*Er/Sie ist sehr **sentimental**.*	Il/Elle est très **sentimental/e.**
*sich in einen anderen **hineinversetzen***	**se mettre à la place de** l'autre
*sich schuldig **fühlen***	**se sentir** coupable
*ohne **Emotion***	sans **émotion** *(f.)*
*Er/Sie konnte seine/ihre **Rührung** nicht **verbergen**.*	Il/Elle n'a pas pu **cacher** son **émotion.**

---

*aus **Liebe zu** seiner/ihrer Mutter*	**par amour pour** sa mère
*seine/ihre **Liebe zur** Natur und zu den Tieren*	**son amour de** la nature et des animaux
*seine Kinder **über alles lieben***	**aimer** ses enfants **par-dessus tout**
Er/Sie liebt seinen/ihren Beruf mehr als alles andere.	Il/Elle aime son métier plus que tout.

---

*sein/ihr **Hass auf** die Gesellschaft*	**sa haine envers** la société
*seine/ihre **Hassgefühle gegenüber** ...*	**ses sentiments de haine envers** ...
*die Disziplin **hassen***	**détester** la discipline
*den Tod v**erachten***	**mépriser** la mort
*seine **Verachtung** zeigen für ...*	montrer **son mépris** *(m.)* **pour** ...

Sympathie, Vertrauen

*Ich finde ihn/sie sehr **sympathisch**.*	Je le/la trouve très **sympathique**.
*Er/Sie ist sehr **nett**.*	Il/Elle est très **gentil/gentille**.
*die **Sympathie** seiner Kollegen erwerben*	gagner la **sympathie** de ses collègues
*Er/Sie ist mir **unsympathisch**.*	Je le/la trouve **antipathique**.
*Er/Sie hat eine große **Antipathie gegen** ...*	Il/Elle a une grande **antipathie pour** ...
*Seine/Ihre **Abneigung gegen** die Arbeit hat psychische Gründe.*	**Son aversion** *(f.)* **pour** le travail a des causes psychiques.

***Ich habe großes Vertrauen zu** ihm / zu ihr.*	**J'ai très confiance en** lui / en elle.
***Ich habe kein Vertrauen zu** ihm / zu ihr.*	**Je n'ai pas confiance en** lui / en elle.
***sein/ihr Misstrauen gegenüber** ...*	**sa méfiance envers** ...
jedem misstrauen	**se méfier de tout le monde**
*Er/Sie ist so **misstrauisch**.*	Il/Elle est tellement **méfiant/e**.

Freude

***Ich freue mich sehr, dass ich** hier bin.*	**Je suis très heureux/ heureuse d'**être ici.
***Ich freue mich sehr, dass Sie** da sind.*	**Je suis très heureux/ heureuse que vous** soyez *(subj.)* là.

Ich würde mich freuen, **wenn** *Sie uns einmal besuchen würden.*	**Je serais heureux/heureuse si** vous veniez *(impf.)* nous voir un jour.
Ich bin so froh, dass *Sie gekommen sind.*	**Je suis tellement content/e que** vous soyez *(subj.)* venu/e.

Das ist **eine tolle Sache!**	C'est **une chose formidable!**
Es ist **toll, dass** *Sie diese Arbeitsstelle gefunden haben.*	**C'est formidable que** vous ayez *(subj.)* trouvé cet emploi.
Das freut mich.	**Ça me fait plaisir.**
Das hat mich sehr gefreut.	**Ça m'a fait très plaisir.**
Ich habe vor Freude geweint.	**J'ai pleuré de joie** *(f.)*.
Ich bin **begeistert** **von** *diesem Erfolg.*	Je suis **enthousiasmé/e par** ce succès.
Er/Sie hat das **mit Begeisterung** *getan.*	Il/Elle a fait ça **avec enthousiasme.**

Gefallen

Ich mag das sehr.	**J'aime bien ça.**
Ich mag das lieber als die *Filme mit Werbung.*	**J'aime mieux ça que** les films avec des publicités.
Ich mag am liebsten *Liebesromane.*	**J'aime le plus** les romans d'amour.
Ich gehe gerne ins Kino.	**J'aime bien aller** au cinéma.
Ich bleibe lieber zu Hause **als** alleine in die Ferien zu fahren.	**Je préfère rester** chez moi **que de** partir en vacances tout/e seul/e.
Das ist gar keine schlechte Idee.	**C'est pas mal comme idée.**

Ich mag das überhaupt nicht. **Je n'aime pas du tout** ça.

*Das gefällt mir **nicht besonders**.* Ça ne me plaît **pas tellement**.

*Ich gehe **nicht gerne** allein spazieren.* (spazieren gehen) **Je n'aime pas me promener** tout/e seul/e. (se promener)

---

ce qui *(Subjekt)* / **ce que** *(Objekt)* (= **was**) *am Satzanfang*

Ce qui m'intéresse le plus, ... | **Was** mich am meisten interessiert ...

Ce qui m'a choqué, ... | **Was** mich schockiert hat, ...

Ce que je n'aime pas, ... | **Was** ich nicht mag, ...

Ce que je ne comprends pas, ... | **Was** ich nicht verstehe, ...

Angst, Sorge

Ich habe Angst, meinen Arbeitsplatz zu verlieren. **J'ai peur de** perdre mon emploi.

Ich habe große Angst, dass mein Sohn Drogen nimmt. **J'ai très peur que** mon fils se drogue *(subj.)*.

Ich mache mir Sorgen um ihn / um sie. **Je me fais du souci pour** lui / **pour** elle.

Das macht mir große Sorgen. Ça me fait beaucoup de soucis.

Ich mache mir Sorgen um meinen Mann / um meine Frau. **Je m'inquiète pour** mon mari / pour ma femme.

Ratlosigkeit und Zuversicht

Ich weiß nicht, was ich tun soll. **Je ne sais pas que faire /** **quoi faire.**

Ich weiß nicht, was ich machen soll um abzunehmen. **Je ne sais pas quoi faire** pour maigrir.

Wie soll ich das bloß machen?	**Comment faire?**
Ich komme damit nicht klar.	Je n'y arrive pas.
Das wird schon werden.	**Ça s'arrangera.**
Da bin ich mir sicher.	J'en suis sûr/e.

Man darf den Mut nicht verlieren.	**Il ne faut pas perdre courage.**
Machen Sie sich da keine Sorgen!	**Ne vous inquiétez pas!**
Das ist nicht so schwer.	Ce n'est pas si difficile que ça.
Haben Sie keine Angst!	**N'ayez pas peur.**
Das geht vorüber.	Ça va passer.

Anteilnahme, Mitgefühl

Das ist (sehr) schade.	**C'est (très) dommage.**
Das tut mir sehr Leid.	**Je suis très désolé/e.**
Es tut mir Leid, dass dies so passiert ist.	Je suis désolé/e que ça se soit (subj.) passé comme ça.
Ich bedaure sehr.	**Je regrette beaucoup.**
Ich bedaure sehr, dass er / dass sie nicht da war.	Je regrette beaucoup qu'il /qu'elle n'ait (subj.) pas été là.

Sie hat kein Glück mit den Männern.	**Elle n'a pas de chance avec** les hommes.
Er/Sie tut mir Leid.	**Il/Elle me fait pitié.**
Ich habe Mitleid mit *ihm / mit ihr.*	**J'ai pitié de** lui / d'elle.
Er/Sie ist zu bedauern.	**Il /Elle est à plaindre.**

Enttäuschung, Resignation

Ich bin wirklich enttäuscht von ...	**Je suis vraiment déçu/e de ...**
Ich bin enttäuscht, dass er nicht kommt.	Je suis déçu/e qu'il ne vienne *(subj.)* pas.
Das ist eine riesige Enttäuschung.	**C'est une déception énorme.**
Das hätte ich nie gedacht.	**Je n'aurais jamais pensé cela.**
Da kann man nichts machen.	**Il n'y a rien à faire.**
Da bin ich machtlos.	Je n'y peux rien.

So ist das Leben.	C'est la vie.
*Da kann man nur **resignieren**.*	On ne peut que **se résigner**.
Er/Sie hat resigniert.	**Il/Elle s'est résigné/e.**
seine/ihre ***Resignation*** beim Gedanken an ...	sa **résignation** à l'idée de ...

Empörung, Ärger

*Das ist **unmöglich**, was er sagt.*	C'est **impossible** ce qu'il dit.
*Das ist **unglaublich**, was sie gemacht hat.*	C'est **incroyable** ce qu'elle a fait.
*Das ist **unerträglich**, was er mir geschrieben hat.*	C'est **insupportable** ce qu'il m'a écrit.
Was ist das laut hier! (= Was für ein Lärm!)	Quel bruit on fait ici!
Das kann man ja nicht aushalten! Man versteht sein eigenes Wort nicht mehr.	C'est insupportable! On ne s'entend plus.

*Das ist ein **Skandal**, was ein Fußballspieler verdient.*	C'est un **scandale** ce que gagne un joueur de football.
*Das ist eine **Katastrophe**, was er gemacht hat.*	C'est une **catastrophe** ce qu'il a fait.
*Sein Verhalten ist **katastrophal**.*	Son comportement est **catastrophique**.

Das regt mich auf.	**Ça m'énerve.**
Ich habe mich furchtbar darüber aufgeregt.	Ça m'a terriblement *(adv.)* énervé/e.
***Ich ärgere mich über** meinen Bruder.*	**Je suis fâché/e contre** mon frère.
So kann das nicht weitergehen.	Ça ne peut pas continuer comme ça.
Das muss sich ändern.	Ça doit changer.
*Es ist **ärgerlich**, dass sie nicht gekommen ist.*	Il est **fâcheux** qu'elle ne soit *(subj.)* pas venue.
Regen Sie sich nicht so auf!	**Ne vous énervez pas comme ça.**
Das ist nicht so schlimm.	**Ce n'est pas si grave que ça.**

Kritik

*Sie **kritisiert** alles.*	Elle **critique** tout.
Er kann keine Kritik vertragen.	**Il n'aime pas la critique.**
Warum haben Sie das gemacht?	Pourquoi est-ce que vous avez fait cela?
***An Ihrer Stelle hätte ich** das **nicht** gemacht.*	**A votre place**, je n'aurais pas fait cela.

Man hätte besser aufpassen müssen. (*müssen*)

On aurait dû faire plus attention. (*devoir*)

Sie hätten eine E-Mail schreiben sollen.

Vous auriez dû écrire un e-mail.

Ich finde nicht gut, was er gemacht hat.

Je ne trouve pas bien ce qu'il a fait.

Ich finde das scheußlich, was sie gemacht hat. (*scheußlich*)

Je trouve ça affreux ce qu'elle a fait. (*affreux/affreuse*)

Ich finde das furchtbar, wie er seinen Sohn behandelt.

Je trouve ça terrible comment il traite son fils.

Wunsch

Ich wünsche, dass er Erfolg hat.

Je souhaite qu'il ait (*subj.*) du succès.

Ich wünsche Ihnen viel Erfolg.

Je vous souhaite beaucoup de succès.

Ich wünsche Ihnen viel Glück.

Je vous souhaite beaucoup de bonheur.

Sie wünscht sich ein Kind.

Elle désire un enfant.

Ich habe große Lust, mit Ihnen zu arbeiten.

J'ai très envie de travailler avec vous.

Ich habe große Lust auf eine Pizza.

J'ai très envie d'une pizza.

Ich würde Sie gerne morgen wieder treffen.

J'aimerais beaucoup vous revoir demain.

Es wäre toll, wenn Sie kommen könnten.

Ce serait formidable si vous pouviez (*impf.*) venir.

7 Diskutieren

Ich habe gehört, dass ...	J'ai entendu dire que ...
Wie ich gehört habe, ...	Comme j'ai entendu dire, ...

Das stimmt.	C'est vrai.
Das ist vollkommen richtig, was Sie sagen.	C'est absolument vrai ce que vous dites.
Sie haben völlig Recht.	Vous avez complètement raison.
Das sehe ich auch so.	Je vois les choses comme vous.
Das wollte ich auch sagen.	C'est ce que je voulais dire aussi.
In gewissem Sinne haben Sie Recht.	Dans un certain sens, vous avez raison.
Das stimmt zum Teil.	C'est en partie vrai.
Es stimmt zwar, dass ... aber im Grunde ...	Il est vrai que ..., mais au fond ...

Das glaube ich nicht.	Ça, je ne crois pas.
Das stimmt so nicht.	Ça, ce n'est pas vrai.
Ich glaube nicht, dass das stimmt.	Je ne crois pas que ce soit *(subj.)* vrai.
Ich weiß nicht genau, ob das stimmt.	Je ne sais pas exactement si c'est vrai.

Ich bin da anderer Meinung.	Là, je ne suis pas d'accord.
Das sehe ich anders.	Je vois les choses autrement.

Das kann man so nicht sagen.	On ne peut pas dire ça comme ça.
Das ist Ansichtssache. / Das kommt ganz auf den Standpunkt an.	C'est une question de point de vue.
Das kann man so oder so sehen.	On peut voir les choses comme ça ou comme ça.
Wir sind da unterschiedlicher Meinung.	Là, nous ne sommes pas d'accord.
Ich weiß nicht. / Ich habe keine Ahnung.	Je ne sais pas.
Ich bin mir da nicht sicher.	Là, je ne suis pas sûr.
Ich habe da meine Zweifel.	Là, j'ai des doutes.
Ich frage mich, warum ...	Je me demande pourquoi ...

Das verstehe ich nicht.	Ça, je ne comprends pas.
Ich verstehe nicht ganz, was Sie sagen.	Je ne comprends pas ce que vous dites.
Wie meinen Sie das?	Qu'est-ce que vous voulez dire par là?
Ich will damit sagen, dass ...	Je veux dire par là que ...
Ich weiß nicht, was Sie meinen.	Je ne sais pas ce que vous voulez dire.
Was verstehen Sie unter ...?	Qu'est-ce que vous entendez par ...?
Was wollen Sie damit sagen?	Qu'est-ce que vous entendez par là?
Wie soll ich das verstehen?	Comment dois-je le comprendre?
Ich weiß nicht, wovon Sie reden.	Je ne sais pas de quoi vous parlez.

Ich verstehe überhaupt nichts mehr.	Je ne comprends plus rien.

Was soll das heißen?	Qu'est-ce que cela veut dire?
Das heißt, dass ... / Das soll heißen, dass ...	Ça veut dire que ...
Das heißt nicht, dass ... / Das soll nicht heißen, dass ...	Ça ne veut pas dire que ...
Das bedeutet praktisch, dass ...	Ça veut dire pratiquement que ...

Ich an Ihrer Stelle ...	Moi, à votre place, ...
Wenn ich an Ihrer Stelle wäre, würde ich ...	Si j'étais à votre place, je ...
Ich persönlich würde da überhaupt nichts machen.	Moi, personnellement, je ne ferais rien du tout.
So habe ich das nicht gemeint.	Ce n'est pas ce que j'ai voulu dire.
Was ich sagen wollte, ist dass ...	Ce que j'ai voulu dire, c'est que ...
Wie soll ich mich ausdrücken?	Comment dirais-je?
Wie gesagt, ...	Comme je l'ai dit, ...
Wie schon gesagt, ...	Comme je l'ai déjà dit, ...
Anders gesagt, ...	Autrement dit, ...
Offen gesagt, ... Ehrlich gesagt, ...	A vrai dire, ...
Um es offen zu sagen ...	Pour dire vrai, ...
Ich würde eher sagen ...	Je dirais plutôt ...

Ich finde es gut, dass ...	Je trouve bien que ...

Ich finde es nicht gut, dass ...	Je ne trouve pas bien que ...
Es finde es unfair, dass ...	Je ne trouve pas juste que ...
Ich habe den Eindruck, dass ...	J'ai l'impression que ...
Was mir auffällt, ist dass ...	Ce qui me frappe, c'est que ...

Soviel ich weiß, ...	Autant que je sache, ...
Ich weiß aus Erfahrung, dass ...	Je sais par expérience que ...
Man kann nie wissen.	On ne sait jamais.

Das hat nichts damit zu tun.	Ça n'a rien à voir avec ça.
Das hat nichts zu tun mit ...	Ça n'a rien à voir avec ...
Das ist dasselbe.	C'est la même chose.
Das ist nicht dasselbe.	Ce n'est pas la même chose.
Das ist nicht das Gleiche.	Ce n'est pas pareil.
Das ist etwas anderes.	C'est autre chose.
Das kann man nicht vergleichen.	On ne peut pas comparer.
Das läuft auf das Gleiche hinaus.	Cela revient au même.
Normalerweise ...	Normalement, ...
Das ist nicht immer so.	Ce n'est pas toujours comme ça.
Das ist eine Ausnahme.	C'est une exception.

Es ist ganz klar, dass ...	Il est évident que ...
Das versteht sich von selbst.	Ça va sans dire.
Das nützt überhaupt nichts.	Ça ne sert à rien.
Das ist völlig unbedeutend.	C'est sans importance.

Es geht darum, ...	Il s'agit de ...
Es geht hier nicht darum, ...	Il ne s'agit pas de ...
Es kommt darauf an, ob ...	Cela dépend si ...
Das hängt davon ab, ob ...	Ça dépend si ...
Worauf es ankommt, ist ...	Ce qui importe, c'est que ...
Man muss auf jeden Fall ...	Il faut en tout cas ...
Das Problem ist, dass ...	Le problème est que ...
Die Hauptsache ist, dass ...	L'essentiel, c'est que ...

Das ist meine Sache.	C'est mon affaire.
Das ist nicht meine Sache.	Ce n'est pas mon affaire.
Das geht mich nichts an.	Cela ne me regarde pas.
Das betrifft mich nicht.	Cela ne me concerne pas.
Was mich betrifft, ...	En ce qui me concerne, ...

So wie ich die Dinge sehe, ...	A mon point de vue, ...
So wie die Dinge liegen, ...	Dans ces conditions, ...
Da kann man nichts machen.	On ne peut rien y faire.
Es ist nicht zu ändern.	On ne peut rien y changer.
Man muss sehen, wie sich die Dinge entwickeln.	Il faut voir comment les choses évoluent.

Man darf nicht vergessen, dass ...	Il ne faut pas oublier que ...
Hinzu kommt noch, dass ...	A cela s'ajoute que ...
Man muss auch berücksichtigen, dass ...	Il faut aussi prendre en considération que ...
Man muss die Dinge ernst nehmen.	Il faut prendre les choses au sérieux.

Man darf das nicht auf die leichte Schulter nehmen.	Il ne faut pas prendre cela à la légère.
Es kann auch passieren, dass ...	Il peut aussi arriver que ...
Es kann gut sein, dass ...	Il est bien possible que ...

Was ich noch sagen wollte, ...	A propos, ...
Mir ist da noch was eingefallen.	Il m'est encore venu une idée.
Ich möchte auch noch etwas sagen zu ...	Je voudrais aussi dire quelque chose sur ...
Ich möchte darauf hinweisen, dass ...	Je voudrais vous signaler que ...
Wir müssen auch noch über ... sprechen.	Nous devons aussi parler de ...
Man muss auch die Frage der Verantwortung ansprechen.	Il faut aussi aborder la question de la responsabilité.
Das darf man nicht ausklammern.	Il ne faut pas laisser cela de côté.
Man darf nicht verschweigen, dass ...	Il ne faut pas passer sous silence que ...

Es hat keinen Sinn, noch länger darüber zu diskutieren.	Ça ne sert à rien de discuter plus longtemps.
In Wirklichkeit gibt es keine Lösung für diese Probleme.	En réalité, il n'y a pas de solution à ces problèmes.
In der Theorie stimmt das.	Dans la théorie, c'est vrai.
Aber in der Praxis ist das etwas anders.	Mais dans la pratique, c'est un peu différent.

Vom gleichen Autor sind in der Buchreihe **smf**
außerdem folgende Titel erschienen:

Richtig Französisch sprechen

*Im persönlichen Gespräch
und am Telefon*

Wortschatz für gutes Französisch

*Wörter, Ausdrücke und Wendungen
für aktuelle Kommunikation und Smalltalk*

Französische Grammatik fürs Sprechen

*Einfach – Praktisch – Effektiv
mit Übungen*

Wieder fit in Französisch

*Grammatik, Wortschatz und Wendungen
zum Auffrischen*

Smalltalk Französisch – einfach & effektiv

*Erfolgreich Kontakte knüpfen
ohne große Vorkenntnisse*

Französisch – Der Fitmacher!

*Trainer für flüssiges Französisch
beim Sprechen und Schreiben*

Mitreden in Französisch

*Aktuelle Themen
aus dem privaten und öffentlichen Bereich*